David Kohl

Der Schuh und sein Bändel

Und was sonst noch so an uns hängt.

© 2018 David Kohl
Umschlaggestaltung, Illustration: David Kohl

Buchtalent
Verlag und Druck: tredition GmbH, Hamburg
ISBN: 978-3-7439-9010-4
ISBN: 978-3-7439-9011-1
ISBN: 978-3-7439-9012-8

Bibliografische Information der Deutschen Nationalbibliothek:
Die Deutsche Nationalbibliothek verzeichnet diese Publikation in der
Deutschen Nationalbibliografie; detaillierte bibliografische Daten sind im
Internet über http://dnb.d-nb.de abrufbar.

Danksagung

Ich danke allen meinen Freunden, die mich beim Dichten unterstützt und inspiriert haben. Vor allem aber danke ich meiner Familie, die mir jederzeit den Rücken stärkt.

Inhalt

Seele, Seele

Gäb' es, gäb' es mehr von dir.
Doppelt, doppelt stehst du hier.
Träum' ich, träum' ich? Wirkt so echt.
Wär' die, wär' die Welt nicht schlecht.

Halb so, halb so Schmerz und Leid,
Sag' mir, sag' mir doch Bescheid,
Wann du, wann du triffst mich wieder?
Singen, singen diese Lieder.

Lieder, Lieder hundert Jahre,
Spiegeln, spiegeln nur das Wahre.
Tausend, tausend Jahre trennen.
Durch die, durch die Zeit zu rennen.

Schaff' ich, schaff' ich leider nicht.
Liebe, Liebe - meine Pflicht.
Schenkt uns, schenkt uns Hoffungsschein!
Scheint das, scheint das Leben rein.

Dreifach, dreifach soll's dich geben.
Ohne, ohne dich nicht leben.
Schwebe, schwebe mich entzwei.
Seele, Seele, mach' dich frei.

Fünfzehn Sekunden

Fliegende, funkelnde, fallende Fliege
Fällt sie für fröhliche fünfzehn Sekunden.
Wusste schon vorher, dass sie hier bald liege.
Erde und Fliege sind nun an verbunden.

Stundenlang summte sie einfach herum.
Ahnte erst später, was mit ihr geschieht.
Schlauer wär' besser, minutenlang dumm.
Später erstaunte, weil's jemand verriet.

Wüsste sie's früher, oh, hätte, oh sollte,
Fiele wahrscheinlich ihr früher schon ein.
Lebte sie anders, wie sie es gerne wollte.
Sauer und hitzig fällt sie auf ein Stein.

Dadadumm

Trockengegossene Tränen im Teich
Funkeln wie Sterne, Kometen. So gleich
Tauchen zwei Kinder die Hände im Dunkeln.
Sieht man die Augen der beiden hell funkeln.

Schnabeldiedumm gibt Schnabeldiedups
Hintenrum leise 'nen kräftigen Schups.
Schnabeldiedups schreit elendlich laut,
Während der and're sein Finger anschaut.

Manchmal passieren aus heiterem Himmel
Kann man's kaum glauben wie Schimmel und Schimmel.
Meint man das eine, im Kopfe verwurzelt,
Kommt schon der andere verwundert gepurzelt.

Schimmel und Schimmel, was ist denn gemeint?
Pferdchen und Schimmel oder beides vereint?
Lustige Stellen, wenn Stimmen uns lenken,
Waren wir faul, um noch mehr auszudenken?

Schwere Augen, leichter Geist

So sitzen wir alle im Kreise am Tische
Und werfen uns fragende Blicke wie Fische,
Weil jeder mit offenen Augen im Traum
Versunken, gefangen im stinkenden Raum.

Das Eigenlob stinkt, es entspringt von dem Sprecher
Und manchmal so trinkt er ganz hektisch vom Becher.
Er gestikuliert, die Stimme ein Ton.
Die Uhr tickt rhythmisch, seit Monaten schon.

Ein Kaugummi gleich, die Zeit sich nur zieht.
Beneide mein Geiste, weil dieser schon flieht.
„So nimm' mich doch mit, woanders, egal,
Denn Freiheit macht glücklich, hat jeder die Wahl."

Wer fauler ist als du, ist tot

Müde liegst du unbeschwert
Im warmen Reich der Decken
Lieber bleibst du unversehrt
Dich weiterhin verstecken

Handy, Laptop griffbereit
Machst lieber nicht zu viel
Sport, Gemüse, Lebenszeit
Nicht wirklich wichtig Ziel

Kirchenglocken schlagen neun
Es wird allmählich Nacht
Wieder schlafen, wirst dich freu'n
Die letzte Mahlzeit wird gebracht

Chips und Pommes, Schokolade
Du verteilst auf deiner Brust
Lebenslust versagt, ganz fade
Auf Arbeit schon mal keine Lust

Duschen, waschen, keinen Zweck
Die Wangen sind seit Jahren rot
Schläfst dann ein in deinem Dreck
Wer fauler ist als du, ist tot

Es war, nicht wahr?

Oh, Schreck, geweckt mit einem Hieb.
Finster, dunkel, drum herum.
Zuckend, fragend, bleibt er dumm.
„Wer wohl den Traum im Schlafe schrieb?"

Er fühlt sich ein, Revue passier'n.
Zwecklos, planlos, keinen Sinn.
„Steck' ich denn wirklich mittendrin?"
Vom Bette aus auf allen vier'n.

Die Lichter an, der Schlaf geraubt.
Unterdrück' was heute früh.
Auf der Arbeit, déjà-vu.
Und es passiert, wenn man es glaubt.

Der Schuh

Von weitem schreit der Lederschuh:
"So komm und bind mich endlich zu!"
Doch er läuft weiter, namens Händel,
Und tritt versehens auf sein Bändel.

Doch glücklich wie sein Leben spielt,
Da stand die Frau, an der er hielt,
Mit großer Hand, als ob er's wüsste,
So unverzeihlich ihre Brüste.

Mit lautem Schrei schlug sie ihn nieder:
"Du Widerling, du bist mir bieder."
So lief Herr Händel schon um vier
Verzweifelt an sein treu Klavier.

Gegen den Strom

Ständig erreichbar.
Neuerdings reizbar.
Stille Maschinen,
Denen wir dienen.
Technik und Strom:
Böses Phantom.
Schwacher Instinkt,
Weil es nichts bringt,
Gefesselt zu laufen,
Elender Haufen.
Alles zu lenken,
Ohne zu denken.
Mach' den Gefallen,
Lass' sie doch fallen.

Liebe zueinander

Stehen zwei Krieger sich männlich ge'nüber
Hoffen, dass dieser schon bald sei vorüber
Denken sie beide an Mutter, ans Land
Nehmen die Waffen mit Stolz in die Hand

Plötzlich, so scheint es auf einmal den beiden
Könnte man freilich das Töten vermeiden
Werfen sich Blicke statt Schüsse entgegen
Fragen sich beide, wozu und weswegen

Legen die Waffen entschlossen beiseite
Wussten sie beide, was sie nun verleite
Ende des Ganzen, Umarmung und Kuss
Fällt durch das Herze der beiden ein Schuss

Du schmelzest daher

Wie Liebe und Plage, liegst du auf der Hüfte.
Wenn ich dich so seh', spring' ich in die Lüfte.

Im Kalten -für mich- bist eines der Feste
Mit tollem Geschmack und einfach das Beste.

Und heiß, bekomm' nie und nimmer genug.
Zu hassen dich wäre der größte Betrug.

Erwärmest mein Herze, du schmelzest daher,
Weil ohne dich traurig, ich liebe dich sehr,

Weil selbst dein Gestank mich teuer verzückt.
Oh lieblicher Käse, machst mich gar verrückt.

Wegwerfgesellschaft

Wegwerfgesellschaft, die Kinder betroffen.
Geworfen von Frauen, von Feinden ersoffen.
Spielen mit Leben des Mitmenschen, oft.
Gerechtigkeitswille als letztes gehofft.

Hoch hinauf

Wenn ich dächte
Bei Tag und Nächte

Dass ich fliege
Und alles kriege

Was ich bräuchte
Dann erleuchte

Weil wir Primaten
Sowie Tomaten

Verwurzelt, eben
Und abzuheben

Ganz unbewusst
Die Füße küsst

Der hohen Schicht
Ob Wolkendicht

Grenzen steh'n
Und auch zu seh'n

Nur im Kopfe, leider
Flög ich wirklich weiter

Klänge

Wenn ich dich höre, breiten sich die Flügel
Aus wie weiße Schwäne im Frühlingsgang
Rufen aus mit solchem Stolz und froh Gesang
Blutgetränkte Sonnenstrahlen vom Hügel

Des Flussufers über in mein Gesicht
Schlaftrunken auf weißen Wegen fahre
Den Klang der Welt für mich bewahre
Als ob eine liebliche Stimme zu mir spricht

Wolke, lass es regnen

Regen legt sich auf mich schlafen
Tropfen und Gesichte trafen.
Niesel, Nebel, nasse Nächte,
Wenn ich dich ins Bette brächte.

Kalter Mantel, mich begleitet,
Mich zu neuem Leben leitet.
Atme ein, bin schwerelos.
Wo warst du die Tage bloß?

Atme aus, bin ganz verträumt.
Ohne dich hätt' ich's versäumt.
Naturbelassen, vielversprechend
Mich in deine Arme brechend.

Falle selber in dem Takt
Wie dein Tropfen Erde, nackt.
"Weine, Wolke, für 'ne Weile,
Dass man uns're Erde heile."

Wie Man(n) so ist

Breite Beine, wird nicht sitzen,
Einfach in die Schüssel spritzen.
Keinesfalls den Müll raustragen
Und auch keine Fehler wagen.

Autofahren, Prio eins.
Was im Hause, das ist seins.
Sofalöcher, Flatulenzen,
Männerhaare ohne Grenzen.

Schmerzen ist ihm völlig fremd,
Macht er niemals sich ins Hemd.
Wie ein Affe auf die Brust
Zeigt der Frau: ich hab jetzt Lust.

Dann ein Bierchen vor der Glotze,
Schnurrbartschnauze fängt die Rotze.
Letztes Mal im Schritt gezuckt,
Es wird weiterhin geguckt.

Schnarchen bis die Wände krachen.
Über Frauenwitze lachen.
Unterhose einmal dreh'n.
Jetzt muss er ins Büro geh'n.

Zeitung raus und Klopapier.
Ab sofort, so bleib er hier.
Eine Nachricht mit Betreff:
In seiner Welt ist er der Chef.

Ein normaler Morgen

Stille hört man hier ganz selten
Dorf und Stadt, verschied'ne Welten
Brüllt ein Vogel leise "Morgen"
Weckt in mir all meine Sorgen

Werf' ich ihm ein Stückchen Brot
Schieß ich bald den Vogel tot
Bringst auch du mich aus der Reihe
Hörst du dann, wie laut ich schreie.

Wie ein Vogel im Wind

Wie ein Vogel im Wind
Der das Glücke verspührt
Jeder Drucke verblasst
Und verträumt wie ein Kind
Wo die Straße mich führt
Ganz wahrscheinlich verpasst

Wie getragen im Meere
Habe Mich frei gestellt
Keine wurzelnde Regel
Ist die Freiheit die Leere
Von den Zwängen der Welt
Lege Ich meine Segel

Gegen die Vergänglichkeit

Liegt man im Bette so früh schon am Morgen
Plagen mit Blicken im Spiegel die Sorgen
Zeichnet sich Körper durch Alterungsecken
Helfen die Mittel, um dies zu verstecken

Seife, die jung macht, und Kreme, die birgt
Mittel für ewige Jugend, die wirkt
Nägel für Finger und Haare, natürlich,
Künstlich gestaltet, entschieden willkürlich

Liften und Straffen soweit es nur geht
Rückgängig machen ist eindeutig zu spät
Pobacken, Hüften und selbst deine Zehen
Lässt es dir auch unterm Messer ergehen

Ohren zu spitzen ist eindeutig zweideutig
Knochen zu brechen als Wachstum, geläufig
Modells, Idole, Vergleiche und Werbung
Sorgen in allen für psychische Färbung

Maske für Maske, wie zwei Kilo Schminke
Täglich verdecken, ob rechte, ob linke
Hälfte des Körpers oder deinen Charakter
Operationen, sonst fühlt man sich nackter

Liegengebliebener Selbst-Plädoyer
Birgt deine Stärken als Leid-Sommelier
Ängste, zu werden, mag man nicht loben
Einfach bezahlen, die Fehler verschoben

Hilflos Vergänglichkeit für dich bestimmen
Einzig kommt Stärke vom Herzen, von Innen
Siegreiche Kämpfe von Anfang geglaubt
Lediglich Kräfte und Zeit dir geraubt

Lass dir von andern das Bild nicht verstören
Bildlich gesprochen auf sie nicht zu hören
Steh zu dir selber, weil dich, Unikat,
Dich zu verändern - dein größter Verrat

Doch leider

Schleifchengeflochtene Schneeflockenbäume.
Schade, wenn ich das im Leben versäume.
Haben zwei Augen, doch traurig und blind.
Das, was wir Mensch dann doch leider sind.

Warum also dein Mund?

Ich frag mich manchmal prommt:
Dem Mundwerk nicht gemäß.
Dasselbe, aus Gesäß,
Aus deinem Munde kommt.

Wie Rosen in Vitrinen

Wie Rosen in Vitrinen
Versprühen wir den Duft,
Den Glanz aus Endorphinen
Und doch fehlt uns die Luft.

Beschlagen und befleckt
Erschwert uns leicht die Sicht.
Die Wahl bleibt uns versteckt.
Das Ziel erkennt man nicht.

Man muss nicht blind erscheinen,
Zu sehen, was niemand sieht.
Kann keiner wirklich weinen,
Was um uns je geschieht.

Hinter lachenden Gesichtern

Ich schaue in Gesichter
In lachende wohlgemerkt
Entscheide wie ein Richter
Und fühle dann verstärkt

Was mich denn dazu lenket
Mehr Leid um uns zu fühl'n
Viel mehr als mancher denket
Im Hirne unser wühl'n

Zwei Welten, die nicht passen
Aus Pech und Glück kompakt
So ratlos und verlassen
Bleib ich ganz leer und nackt

Für jeden Handschuh eine andere Hälfte

Doch tauchte sie ganz plötzlich unter
Mit Hochbegabung immer munter
Verführte sie die Artverwandten
Die Trommel durch und dann abhanden

Jetzt liegst du da, du rührst dich kaum
Dem Apfel gleich auf seinem Baum
Dann frag ich mich: was ist passiert
Die Wäsche war doch stets dressiert

Und plötzlich scheint, wie nie zuvor
Ein jeder Handschuh, man verlor
Ganz einsam auf der Straße liegend
Obgleich er in der Wäsche fliegend

Das Weite suchte ohne Worte
Und wechselt so mal so die Orte
Wie jedes Pärchen fängt man Flügel
Und morgen über dutzend Hügel

Welche Beziehung ist recht?

Zeit, oh, Zeit, wer definiert?
Alt und jung schon längst verliert?
Gleich und gleich Geschlecht ist schlecht?
Welche Liebe ist nun echt?

Sie, und nur Sie allein

Gäbe es lediglich solche Personen
Von Ihnen allein auf unserer Welt,
Möchte ich gerne für immer betonen,
So wäre die Welt, wie es keinem gefällt.

Alleine unter Menschen

Schamlos sitzt du schon am Tische zu siebt
Wartest auf Freunde, wenn's diese denn gibt.
Jeder kommt zügig zum Platze gerannt.
Hältst den Verkehr auf, es staut sich rasant

Lügen um Lügen erzählst du die Märchen.
Scheuchst alle Gäste wie herzlose Herrchen.
Stunden vergehen und du sitzt bescheiden,
Einsam, verkümmert, die Menschen zu meiden.

Und manchmal

Und manchmal steigt es bis zum Kopf -
Die Haare auf der kleinen Brust
Sieht man auf den Zähnen just.
Dein Leben sowie Deckel ohne Topf.

Und manchmal liegt es tief verborgen -
Dein Herz auf Grund und Boden.
Sucht man auch den Männerhoden.
Man macht sich täglich Sorgen.

Und manchmal fliegst du über Wolken -
Ein Überflieger wohlgemerkt.
Narzissmus ist was dich noch stärkt.
Man hat dir reichlich Geld gemolken.

Auf immer wird man hinterm Rücken
Über deine Seelenfarbe streiten.
Auf deine schwarze Färbung reiten.
Im Alter mit den gold'nen Krücken.

Die Vergangenheit in der Zukunft

Ich werde dich auf einem Platz
Getroffen haben mit dem Satz,
Dass wir -vielleicht alsbald-
Wahrscheinlich beim nächsten Halt
Länger mit den Augen flirten.

Bei Terminen sich verspäten
Und offen auf allen Feten
Gemeinsam die Zeiten tragen
Und uns dann nicht mehr fragen,
Woran uns diese Menschen störten.

Wie jeder andere mit Hand
Und Kuss, verliebt, gespannt
Auf Wärme deiner Nähe
Von Liebe, Sex und Ehe -
Vom Glück der Liebe schlürften.

Wenn keine Blicke sich verzieren,
Wir händehaltend frei spazieren.
Zu jeder Zeit, und nicht nur nächtlich
Wenn wir uns denn tatsächlich
Noch frei bewegen dürften.

Vom Spiel zur Sucht

Man kann das Geld verlieren.
Man kann es auch gewinnen.
Kommst du auf allen vieren.
Du bist doch nicht bei Sinnen.

Beim Zocken fällt's dir leicht,
Dein Geld just zu verschenken.
Und eines Tages bald vielleicht
Wird dich die Sucht noch lenken.

Durch den Spiegel

Es blutet mir das arme Herze
Betrachte mich ganz schwach.
Die Liebe liegt wie eine Kerze
Im Schatten ihrer selbst so flach.

Der Hintergrund, der sich verzerrte,
Nur mir ist er nicht recht.
Verträumte Welten man versperrte,
Denn hinter mir, es scheint nicht echt.

Perplext, erstaunt zu selben Zeiten,
Ergreife meine warme Haut.
Man sagt, man müsst' sich vorbereiten.
Vom Spiegel schallt es traurig, laut.

Ich werfe meinen dunklen Schatten.
Im Spiegel ist er reich erhellt.
Ein seltsam' Spiel, darf ich gestatten:
Das ist die etwas bess're Welt.

David Kohl

Haus der Gedichte
*Ein Teil meiner Geschichten, aus
Gedanken und Gedichten.*

Lyrik/Poesie

44 Seiten

Taschenbuch: ISBN: 978-3-7439-8983-2
Gebunden: ISBN: 978-3-7439-8984-9
e-book: ISBN: 978-3-7439-8985-6

Zeitfracht Medien GmbH
Ferdinand-Jühlke-Straße 7
99095 Erfurt, Deutschland
produktsicherheit@kolibri360.de